… das Unsagbare in Worte kleiden

BOOKS on DEMAND

Für alle WeggefährtInnenen

Oliver Weimar-Drese

Das Unsagbare in Worte kleiden

Gedichte

*Bibliografische Information der Deutschen Nationalbibliothek:
Die Deutsche Nationalbibliothek verzeichnet diese Publikation in
der Deutschen Nationalbibliografie; detaillierte bibliografische
Daten sind im Internet über http://dnb.dnb.de abrufbar.*

© 2018 Oliver Weimar-Drese

*Herstellung und Verlag: BoD – Books on Demand, Nor-
derstedt*

ISBN: 978-3-7528-8086-1

Inhaltsverzeichnis

Die Muße (1983)

Die Muße kommt, die Muße geht,
ein Narr ist, wer sie nicht verehrt.
Drum will ich alles niederschreiben,
das Unsagbare in Worte kleiden.

Worte (1993)

Um der Worte mit feinem Sinn
ich niemals verlegen sein will.

Das Lied der Stille

Das Lied der Stille
laut in mir erklingt
lasse es wiederhallen
im schlichtem Glücklich-Sein.

Seelenworte (30.04.1995)

Seelenworte,
leicht wie ein Windhauch
ein Gefühl nur,
das am Anfang steht.

Seelenworte,
die nach und nach
das Gefühl und sich selbst
mit Sinn durchdringen.

Seelenworte,
klar und präsent
in Schrift und Wort
gegossen für die Erinnerung.

Seelenworte
allein nur durch Sprache
und auch durch Schweigen
im Verständnis wachsen können.

Die Sehnsucht (14.Apr.2018)

Wir dürsten danach, gehört zu werden.
So wie wir sind, so von Seele zu Seele.

Selten genug lauschen wir der Stille
Und dem wahren Du und dem wahren Ich
In all seinen Facetten des Zusammenkommens

So viele Wege, sich zu verbinden.
So viele Ausreden, es nicht zu tun.

Stationen (06.Aug.2016)

Den Weg, den ich gehe,
mag Dir seltsam erscheinen.

Der Weg, der in mir entsteht,
ist auch für mich immer wieder neu.

Für den Weg,
den ich mit Dir gehen darf,
bin ich sehr dankbar.

Urlaub der Gefühle (24.Sep.2016)

Urlaub der Gefühle
Frei vom Diktat des Kopfes
Gleichberechtigt in der Fülle
Tief blubbernd seit jeher.

Du kennst den Weg (31.Dez.2013)

„Du kennst den Weg"
Das schreien sie dich an.
„Und jedesmal müssen wir
es Dir neu sagen."

Dabei ist es so einfach
„Du kennst den richtigen Weg."
Und diese Worte
sind alles was bleibt.
Weil alles verblasst
dass und nicht allein zu sein.
Niemals mehr.

Unendlichkeit (10.Mär.1996)

Oh Traum der Unendlichkeit
ich umarme dich
zwischen dem Erwachen des Tages
und dem Verblassen der Illusion.

Diese köstliche Unendlichkeit
Belohnung der Traumsuche
und keinen Weg zurück.

Schwer atmend erwache ich
und kann mich erinnern!

Stille (30.Apr.1993)

Wie der Wind
mit dem Baum spielt
der Bach
den Sand fortträgt.

Kein Augenblick
von Stillstand ist
dem Schauenden vergönnt.

Wo friedlich still
die innere Ruhe wächst
wurde mit steter Pflege
der Geist bereitet.

Weg (11.Jan.1995)

Auf dem Weg nach innen lauschen
sehe ich nur den Sternenwind rauschen.

Selbst die Phantasie und den Gedankenstrom
durchschaue ich nun wie jedes Phantom
von klebrigen Hindernissen auf dem Weg.

Monumente (30.04.1995)

Unendlich nicht
der Topf sich füllt
der Reigen
sich nicht drehen kann.

Einfach ist es nicht
Gebäude aus Gefühl
als Monumente für
die Ewigkeit zu bauen.

Doch Worte nur
sich im Wandel
der Zeit ein Sinnspiel
sich stark verändert.

Was bleibt denn nun
neben dem Wort
Gefühle zu vermitteln?

Spuren (14.07.1995)

Die Spuren meiner Selbst
in anderen finden
auf den Brücken
aus Worten und Gesten.

Um selbst verstanden zu werden
trage auch ich Brücken
als Rettungsleinen in der Not
dem anderen zu erzählen
was dort schon empfunden.

Ob Zufall oder nicht
es nimmt mir das Gefühl
der Einzigartigkeit.
Dafür fühle ich,
nicht allein zu sein
mit Gedanken und Gefühlen.

Welten ohne Zahl

Ich sehe sie in mir,
die Welten ohne Zahl,
erfüllt von Leben,
das nicht wäre
ohne den Glauben
der Sehenden,
die nach innen schauen.

Oh Zukunft, Welten ohne Zahl,
Seid gegrüßt, ungewisse Möglichkeiten
Seid bedankt für die Einblicke
in den unendlichen Strom der Zeit.

Oh Ihr Zeitgeister der ungenutzten Gelegenheiten,
führt einen Blinden zum Königsthron.
Ihr nähret euch vom „was wäre, wenn…",
achtlos gesprochen von Unwissenden.

Von der inneren Zeit

So wandere ich hindurch
im Äußeren als Jahr und Tag,
auch Erinnerungen genannt,
im Inneren als kleine Schritte
auf dem Weg zum gesuchten Ziel.

Nicht in Uhren und Kalendern
erscheint mir die richtige Zeit
sondern tief in meinem Inneren
geschieht von Zeit zu Zeit etwas,
was als Fortschritt spürbar ist.

Der Prophet (01.Aug.1995)

Der Prophet wandert
auf dem sicheren Pfad
des Wissens um die Zukunft.

Doch auch er hat selten die Wahl,
den Hindernissen aus dem Weg zu gehen,
die ihm bestimmt sind.

Vier Zauber

(1985)
Zauber bin ich
muss ich weichen,
alledem
was Wahrheit ist.

(1986)
Zauber bin ich
muss ich trotzen,
alledem
was traurig ist.

(1994)
Zauber bin ich
und ich bin dort,
wo des Zaubers
Ursprung ist.

(1995)
Zauber bin ich
muss ich reisen
in die Tiefen
meiner selbst.

Zwei Regenbogen

In mir ist ein Regenbogen
ähnlich denen am Himmel droben
mit einem Lächeln eingebettet,
so dass es jeden Tag mir rettet.

In mir ist ein Regenbogen
mit einem Lächeln hineingewoben.
Und wenn ich einmal traurig bin,
schaue ich einfach nur dorthin.

Keine Zeit (14.07.1995)

Die unerträgliche Kost
des unverständlichen Mysteriums
ausgetauscht zwischen guten Freunden,
die wissen, dass mit der Zeit
aus dem Mysterium
Verständnis wird.

Doch unnahbar bleibt
der Thron des Mysteriums
all jenen, die vorüberziehen
auf der Oberflächlichkeit
der „keinen Zeit".

Gegen all meine Zweifel und Gewohnheiten
(25.04.1994)

Und doch, Ihr kündet von der Innenwelt.
Nicht die Welt der Träume
oder der Phantasiebilder,
hineingetragene Bilder des Draußen?

Denn Ihr kündet vom wachen
und nüchternen Empfinden
überall im ganzen Innern.

Mehr als nur hineinfinden oder hineinspüren,
dort im Inneren leben ist ein Ziel,
ein leeres Bild, dass immer wieder
neu gezeichnet und ausradiert werden muss.

Denn wer dort im Inneren lebt,
braucht kein Bild, um dorthin zu gelangen.
Und doch, Ihr kündet von der Innenwelt.

Angst (01.06.1994)

Aus Angst
bin ich verstummt.

Doch gerade dann
hilft sie nicht,
diese Wortlosigkeit.

Gerade dann,
wenn sich in uns
vor Angst alles
zusammenzieht,
gerade dann
kann geholfen werden.

Wenn wir sagen
„Ich habe Angst."

Lauschen (05.09.1994)

Lauschen möchte ich
den winzigen Schritten
auf einem inneren Weg
in das Unbekannte
wer ich bin.

Erinnerungen fließen vorbei
doch diese interessieren nicht.
Was die eine Erinnerung
mit der anderen verbindet
nur dem lausche ich.

Das Lauschen selbst ist zu laut,
wo es den Lauscher abtrennt
von alledem, was unhörbar ist.

Auf zu neuen Ufern (25.11.1994)

Gerade wurde mir
ein Geschenk zuteil,
ein Pflaster für vernarbte Wunden.

Sehr fein und sehr heilsam
setzte es mich frei,
zu sehen, was hinter mir liegt,
friedlich, die Schmerzen ausgesöhnt.

Um jetzt los zu segeln,
auf zu neuen Ufern.

Ohne Soße? (14.Jun.1995)

Trunken von Humor durchdrungen
habe ich einen Kater
vom alltäglichen Einerlei
viel zu lange dem Schlaf entzogen
entsteht der Witz
aus Gedankensalat.

Ein Traum aus der Ruhezeit (1990)

Letztens träumte ich,
die Zeit würde ruhen,
die Hast nach dem Alltag
wäre vorbei.

Ich lauschte einer Zeit,
wie ich sie nie hatte,
ich sah eine Zeit
wie ein ruhiger Bergsee.

Ich fühlte sie tief in mir,
diese ruhevolle Zeit.
Und ich spürte eine verpackte Zeit,
als ein Geschenk an alle.

Die siebte Regel (1997)

Und durfte ich mich
an der Weltenseele laben,
so wurde mir auch
ihr Schmerz zuteil.

Ein Teil des Friedens,
welchen die Weltseele benötigt,
muss ich in mir breiten.

Auch wenn mein kleiner Teil
die Weltenseele nicht allein
vollständig heilen kann.